L'ANTI-NATURALISTE.

L'ANTI-NATURALISTE,

OU

EXAMEN CRITIQUE

DU POËME

DE LA RELIGION NATURELLE.

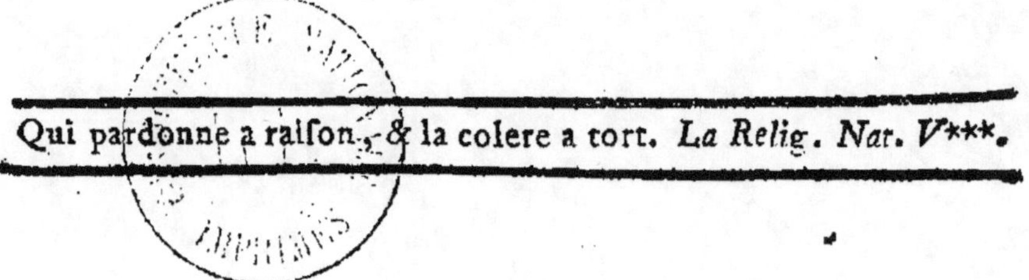

Qui pardonne a raiſon, & la colere a tort. *La Relig. Nat. V***.*

A BERLIN,

1756.

L'ANTI-NATURALISTE.

JOINDRE au coloris d'un style brillant la vivacité de l'esprit, aux fleurs d'une diction aisée, les foudres de l'éloquence ; joindre, dis-je, toutes les nuances d'un art imperceptible, pour combattre avec plus d'avantage les Loix, la Religion & la Patrie, c'est l'abus d'un fameux coupable, qui plaît & qui s'égare ; qui écrit bien & qui pense mal. Aimé, détesté, intéressant jusque dans son délire, il tonne, il éblouït. Grand génie, esprit faux, bon Orateur, mauvais Sujet ; l'Univers est rempli de ses rêves extravagans : il est tour-à-tour la haine & l'admiration de ses contemporains. Défendre ce que sa superbe folie ose attaquer, c'est le fait du Sage qui résiste, de l'honnête homme qui se défend, & du Citoyen qui parle.

Ce n'est point l'esprit Théologique, qui m'anime, il ne peut m'ouvrir qu'un nouvel amas de myſtérieuſes inutilités.

Ce n'eſt point l'eſprit de calomnie, il ne peut répandre qu'un fiel horrible.

C'eſt ce ſeul eſprit ſi connu, toujours révéré ; ce ſeul eſprit de Patriotiſme qui m'inſpire & qui me fait prendre la défenſe des mœurs de mon Pays. Puiſſe-t-il me raſſurer dans ma croyance comme dans la pratique de ma Religion !

Je ſçais trop ce que je dois au reſpectable Auteur à qui je réponds (& non pas que j'attaque) pour couvrir cette critique d'une malignité indigne de lui & de moi.

Loin d'être un nouveau *Zoile*, je me ſuis toujours fait l'honneur de ne jamais articuler le nom de M. de V. ſans être auparavant affecté d'eſtime, d'amitié & de reſpect pour lui.

Son Livre a paru, je l'ai ouvert, j'ai cherché la vérité, je ne l'ai pas entiérement trouvée, & enfin je lui communique les Réflexions ſuivantes.

ARTICLES

Contenus dans les Parties de la R. N.

CE Poëme dédié au Roi de Pruſſe ſe diviſe en trois Parties, qui ſans tenir un rapport direct, les unes aux autres forment

(5)

aſſez naturellement l'enſemble & le corps de l'Ouvrage.

Dans le premier M. de V. dit que, *Dieu donne à tous les hommes l'idée de la juſtice & la conſcience pour les en avertir comme il leur a donné tout ce qui étoit néceſſaire*

Dans la ſeconde M. de V. répond aux objections contre les principes d'une morale univerſelle, preuve de cette vérité.

Dans la troiſieme M de V. avance que *les hommes, ayant pour la plupart défiguré par les opinions qui les diviſent, la R. N. qui les unit, doivent ſe ſupporter les uns & les autres.*

EPIT. AU ROI DE P.

Mʀ. de V. commence ainſi :

O Vous ! dont les Exploits, le Regne & les Ouvra-
    ges.
Sont l'exemple des Rois , & la leçon des Sages,
Qui voyez d'un même œil les caprices du ſort,
Le Trône & la Cabane , & la vie & la mort ;
Philoſophie intrépide . . . .

Quelle funebre intrépidité ! A voir ces deux derniers vers , ne croiroit-on pas entrevoir un homme preſqu'Automate ? Il vegete éternellement , tout lui eſt égal , reſpirer ou mourir. Dans ſa péſante indifférence , à peine ſçait-il s'il exiſte. Rien ne

peut troubler le sommeil létargique dans
lequel il est anéanti ; le rang qu'il occupe ,
la vie dont il jouit le bercent tour-à-tour ,
il soupire , ouvre les yeux , les ferme , &
dort Qui peut reconnoître dans de pareils
traits le Souverain d'une des plus belles parties du monde. * Prononcer son nom , c'est
le seul éloge qui soit digne de sa personne
sacrée ; lui seul doit être comparé à lui-
même.

Après de très-beaux vers l'on voit ceux-
ci toujours adressés au Roi de russe).

De l'esprit qui nous meut vous recherchez l'essence ,
Son principe , sa fin , & sur-tout mon devoir.

Ne s'attendroit-on pas à l'analyse de l'a-
me & de l'esprit humain ? Point du tout , il
n'est parlé que du culte extérieur.

PREMIERE PARTIE.

*(Ayant annoncé les Articles , je ne les répé-
terai point.)*

V OILA le début.

Je n'irai pas d'abord , Philosophe orgueilleux ,
Sur l'aîle de Platon me perdre dans les Cieux ;
Ecartons ces Romans qu'on appelle système.
Et pour nous élever descendons en nous mêmes.

* Le Roi de Prusse.

Que l'ame foit immortelle ou non, dit M. de V. en parlant au R. de P.

Nous fommes fous la main de cet Etre invifible :
Mais du haut de fon Trône obfcur, inacceffible.
Quel hommage & quel culte exige-t-il de nous ?

Dans le dernier vers l'on peut voir aifé-ment la perfpective que M. de V. s'eft for-mé, & c'eft fur ces mots que roulent les trois Parties.

Il demande fi ce font les Turcs, les Tartares ou les Chinois qui ont fuivi la volonté du Créateur ; & foudain il s'écrie :

. . . . Mais détournons les yeux
De cet amas impur d'impofteurs odieux ;
Et fans vouloir fonder d'un regard téméraire,
De la loi des Chrétiens l'ineffable myftere,
Sans expliquer en vain ce qui fut révélé,
Cherchons par la raifon fi Dieu n'a pas parlé :

Le paradoxe de M. de V. eft exprimé par ces deux derniers vers ; c'eft de vouloir prétendre que la raifon fuffit aux hommes pour les conduire, & que la révélation n'eft qu'une chimere. (Seule objection que font & feront toujours les Naturaliftes.)

Dire que la raifon fuffit pour nous conduire, c'eft une abfurdité ; vouloir le prouver, c'eft une répétition ; cependant j'effayerai dans le parallele fuivant à me frayer une nouvelle route, & j'oppoferai M. de V. à M. de V. même.

La raison n'est qu'une Maîtresse complai-
sante , qui nous aime , & qui nous
chérit ; empressée à nous plaire , en-
chantée de le pouvoir , toujours active dans
son transport , toujours vive dans sa tendresse , un jour délicieux luit sur elle quand
elle est avec nous.

Pendant le silence de nos sens , elle verse
dans notre ame charmée cette paix ... Cette tendre paix du cœur ... ce gage chéri de
son amour ... c'est l'Aurore qui par son feu
petillant , réveille la nature : tout s'anime
par cette exquise sérénité ; un intérêt général se répand sur notre être, qui se multi-
plie , & une précieuse joie embellit notre
félicité.

Mais tout-à-coup la débile humanité empoisonne cette paisible yvresse , nos passions
renaissent , un torrent n'est pas plus impétueux ... Ils frémissent ... & leurs cris
ébranlent le Trône sacré de la raison ....
elle paroît ; son souffle va dissiper ... nous
nous y opposons . . . alternative affreuse !
Elle menace... elle pleure... elle crie ... c'est
Philomele qui fait retentir ses tristes accens
... Larmes vaines ! ... nous volons dans le
crime & nous sommes déja entre les bras de
sa rivale.

A-t-elle pu nous arrêter ? Non, car elle-
même se laisse immoler.

Le coup est donné, le sacrifice est fait, &

la victime effrayée jette encore des cris. Pour
lors épouvantés, attendris, des pleurs de ra-
ge & de tendresse coulent sur ces tristes dé-
bris ; furieux, nous brisons l'Autel ; fanati-
ques tout nous irrite jusqu'à nous - mêmes, & enfin les remords nous absorbent
dans ce nouveau délire.

La raison secourable reparoît, elle vient
... elle approche ... nous n'osons soutenir
se regards ... elle pardonne, nous volons
à ses genoux ; elle se plaint de notre inconstance. C'est Flore qui se plaint de l'infidéle
Zéphire. Nous pleurons, & bientôt ses larmes innocentes se mêlent aux nôtres ! Moment fortuné, où Alexandre reconnoît sa
fureur !

Après ce portrait de la raison humaine on
peut juger, si, en alliant tant de complai-
sance à tant de timidité, elle peut être une
guide assurée en matiere de Religion. Si elle
n'a pas la force de gouverner nos sens, peut-
elle gouverner notre ame ?

M. de V. en parlant du meurtre de Clitus
donne une preuve de la foiblesse de la raison
il dit, (en parlant d'Alexandre.)

Honteux, désespéré d'un moment de furie,
Il se jugea lui-même indigne de la vie.

S'il a eu la frenesie de massacrer son ami,
c'est que cette même raison a été trop foi-
ble pour l'arrêter : elle envoye les remords

au criminel, mais elle n'empêche pas le crime. Qu'importent les remords quand le délit est commis ?

M. de V. introduit lui-même la nécessité de la révélation ; car si la raison n'a pas pu empêcher Platon de se perdre dans les Cieux, Spinosa de s'égarer, Alexandre d'assassiner Clitus ; il est certain qu'elle n'est point suffisante. Voici où veut briller la lumière que M. de V. veut éteindre.

N'étant point suffisante, ainsi que je viens de le démontrer, le Créateur a trop aimé son ouvrage pour ne lui avoir point assigné une guide sûre & absoluë, qui puisse l'arrêter sur les bords du précipice ; il a envoyé la Révélation comme un soleil, dont les rayons devoient illuminer la terre, elle a paru, elle a brillé, & elle a produit les Augustins, les Basiles, les Racines, & elle n'a point inspiré de ces systêmes monstrueux, de ces Romans hardis & de ces conjectures hazardées. Il n'est que la loi de la nature qui ait eû assez peu de lumieres pour former de semblables ouvrages.

L'on peut voir, par ces idées, tomber l'édifice de M. de V.

Je me suis arrêté un peu dans cet endroit, parce que je touchois aux fondemens qu'il falloit détruire. Je passe maintenant aux vers suivans.

M. de V. continue, & en parlant de la R.

N. il dit, qu'elle crie à tous les hommes :

Adore un Dieu, fois jufte, & chéris la Patrie.

M. de V. donne encore des armes contre
lui. Elle crie ; peut-elle fe faire obéir ? Non.
La preuve réfulte naturellement du fait. Si
elle crie à tous les hommes de chérir la Patrie, pourquoi M. de V. qui eft fon organe,
ne fuit-il pas fa volonté ? Eft-ce chérir cette
terre natale où le premier foleil a lui pour
nous, que de parler contre les Loix, la Religion & le Defpotifme qui y font établis.

Nouvelle preuve de la foibleffe de cette
prétendu Loi, qui n'a pas la force de fe faire obéir dans fon interprété : Nouvelle
preuve d'infuffifance, puifée dans M. de
V. même. Cette premiere Partie finit par
cette fuperbe comparaifon.

L'Or qui naît au Pérou, l'or qui naît à la Chine,
Ont la même nature & la même origine ;
L'Artifan le façonne & ne peut le former ;
Ainfi l'Etre éternel qui nous daigne animer,
Jette dans tous les cœurs une même femence,
Le Ciel fit la vertu, l'homme en fit l'apparence ;
il peut la revêtir d'impofture & d'erreur,
Il ne peut la changer, fon Juge eft dans fon cœur.

On voit aifément que M. de V. veut faire mention des cérémonies par ce vers.

Il peut la revêtir d'impofture & d'erreur.

Si c'est une erreur , il sçait qu'il a dit avant moi :

> *Cette erreur est utile.*

Au reste je prouverai dans la troisieme Partie la vérité nécessaire des cérémonies, & non pas des impostures. Il ne faut pas mêler le fanatisme & la Religion.

SECONDE PARTIE.

TEL s sont les premiers vers :

J'entends avec Hobbès Spinosa qui murmure,
Ces remords , ces cris de la Nature ,
Ne sont que l'habitude , & les illusions
Qu'un besoin naturel inspire aux Nations.
Raisonneur malheureux , ...

Après cette apostrophe l'on s'attend à voir le faux de son principe , ou découvert, ou attaqué. Est-ce faire l'un ou l'autre que de lui adresser cette demande ?

. . . . Ennemi de toi-même.
D'où nous vient ce besoin ? Pourquoi l'Etre suprême
Mit-il dans votre cœur à l'intérêt porté
Un instinct qui nous lie à la société ?

Le Lecteur judicieux en jugera.
Après les vers que l'on vient de lire , ceux-ci paroissent :

Les loix que nous faisons , fragiles , inconstantes,
Ouvrage d'un moment , sont par-tout différentes;
Jacob chez les Hébreux peut épouser deux sœurs,
David , sans offenser la décence & les mœurs,
Flatte de cent Beautés la tendresse importune,
Le Pape au Vatican n'en peut posséder une ;
Là , le pere à son gré , choisit son successeur ;
Ici , l'heureux aîné de tout est possesseur ,
Aux Loix de vos voisins votre Code est contraire,
Qu'on soit juste , il suffit , le reste est arbitraire;

Il faut que l'Editeur ait déplacé cette magnifique tirade contre les Loix , car l'on n'y apperçoit aucune liaison , ni avec les vers qui précedent , ni avec ceux qui suivent. Au reste , la bévuë de l'Editeur n'ôte pas la beauté de ce morceau hardi ; jamais Naturaliste n'a jetté plus de fleurs dans les sentiers où il s'est égaré; jamais il n'a parlé avec plus d'énergie ; quelle touche ! quel coloris ! Il faut réellement du courage pour résister à de pareilles armes.

Que l'on revienne de ce premier transport qui saisit , qu'on analise & qu'on décompose ces vers , l'on verra la base de ce raisonnement , appuyée sur un faux principe ; ce sera un éclair qui éblouïra sans brûler.

M. de V. se plaint de l'inconstance de la variété des Loix humaines. A-t-il raison ? On peut le voir aisément.

PREMIERE OBJECTION.

L'homme est inconstant ; ce qu'il a formé

est de même : Dieu est invariable, ce qu'il a créé lui ressemble. Ce que Dieu a fait est bien : qu'avec exactitude l'on observe la proportion, ce que l'homme a fait sera de même. La fragilité seroit contraire à l'esprit des Loix du Créateur ; de même, l'immuabilité seroit contraire à l'esprit des Loix humaines. Prétendu désordre qui nous fait reconnoître la grandeur de Dieu par notre fragilité même : nouveau témoin qui dépose pour lui & contre nous.

Qu'on soit juste, *dit M. de V.* il suffit, le reste est arbitraire.

SECONDE OBJECTION.

L'on ne peut pas être juste, sans exécuter les Loix de son Pays. Jacob peut épouser deux sœurs, c'étoit la Loi. Si David l'eût imité, c'étoit un crime. Observer la Religion Chrétienne avant sa naissance, avant que l'espece se soit multiplié, c'eût été folie. Professer la Religion Naturelle après le mêlange des Peuples, des Langues, & des Empires, après que le despotisme est établi, que les Souverains sont créés, que la révélation est connuë ; c'est démence d'esprit. Notre Loi n'étoit pas celle d'Adam, celle d'Adam ne doit pas être la nôtre ; il observa la sienne, voilà en quoi il doit être imité.

A la suite des vers que je viens de citer
on lit les suivans :

Mais tandis qu'on admire & ce juste & ce beau ,
Londre immole son Roi par la main d'un boureau ;
Du Pape Borgia le bâtard sanguinaire ,
Dans les bras de sa sœur assassine son frere :
Là , le froid Hollandois devient impétueux ,
Il déchire en morceaux deux freres vertueux ;
Plus loin la Brainvilliers, dévote avec tendresse ,
Empoisonne son pere en courant à confesse ;
Sous le fer du méchant le juste est abattu ,
Hé bien concluez-vous qu'il n'est point de vertu.

Découvre-t-on dans ces vers une idée de
rapport ? Quel est ce juste & ce beau que
l'on admire ? ! Quelles sont les paroles qui
ont préparé la chute du dernier vers ?

M. de V. ne peut voir qu'avec douleur les
sottises de l'Editeur qui a tronqué, mutilé &
transporté quantité de vers.

Après des réflexions vraiement Philoso-
phiques on trouve celle-ci :

Si la raison nous luit , qu'avons-nous à nous plain-
    dre ?

J'ai montré dans la premiere Partie la
foiblesse de cette même raison, M. de V.
se répete , je profiterai de son exemple
pour ne pas tomber dans la même faute.

Cette magnifique tirade termine la se-
conde Partie.

Quand de l'immenſité Dieu Peupla les déſerts ,
Alluma le ſoleil , & ſouleva des mers,
Demeurez , leur dit-il , dans vos bornes preſcrites ;
Tous les mondes naiſſans connurent leurs limites :
Il impoſa des loix à Saturne , à Vénus,
Aux ſeize Orbes divers dans les Cieux contenus ,
Aux Elemens unis dans leur utile guerre ,
A la courſe des vents , aux fléches du tonnerre.
A l'animal qui penſe , & né pour l'adorer ,
Au ver qui nous attend , né pour nous dévorer.
Avons-nous bien l'audace en nos faibles cervelles ,
D'ajouter nos décrets à ſes loix immortelles ?
Hélas ! feroit-ce à-nous , fantômes d'un moment ,
Dont l'Etre imperceptible eſt voiſin du néant,
De nous mettre à côté du Maître du tonnerre ,
Et de donner en Dieux des ordres à la terre :

Je ne chercherai pas dans ces vers (qui méritent être gravés ſur l'or) une interprétation maligne. L'on permet dans la Poëſie certains efforts qui ne ſeroient pas tolérés dans la Proſe.

TROISIEME PARTIE

C'EST ainſi que M. de V. s'annonce :

L'Univers eſt le Temple où ſiége l'Eternel ,
Là chaque homme a ſon gré veut bâtir un autel ;
Chacun vante ſa foi , Ses Saints & ſes Miracles,
Le ſang de ſes Martyrs , la voix de ſes Oracles ;
L'un penſe en ſe lavant cinq ou ſix fois par jour,
Que le Ciel voit ſes bains d'un regard plein d'a-
   mour ;

Et qu'avec un prépuce on ne sçauroit lui plaire ;
L'autre a du Dieu Brama défargé la colere,
Et pour s'être abstenu de manger du lapin
Voit le Ciel entr'ouver & des plaisirs sans fin.

Si tous les Peuples ont des Cérémonies à pratiquer dans leurs Religions, si les Orientaux & les Lapons en ont admis, c'est la voix de la nature qui les a inspiré, puisqu'elles sont nées naturellement dans toutes les Nations, & dans tous les tems : le Créateur les a laissé introduire pour aider à l'esprit de la Religion ; ceci fixé, elles sont donc nécessaires. M. de V. voulant montrer l'abus, m'a facilité les moyens d'en découvrir la vérité ; & d'ailleurs il sçait que plus il y a de Cérémonies dans une Religion, plus les peuples sont entretenus dans le culte qu'ils doivent au Moteur de l'Univers.

Les horreurs du fanatisme sont peintes avec les couleurs les plus animées.

Un doux Inquisiteur, un crucifix en main,
Au feu, par charité, fait jetter son prochain ;
Et pleurant avec lui d'une fin si tragique,
Prend, pour s'en consoler, son argent qu'il s'ap-
       plique.
Tandis que de la grace ardent à se toucher,
Le peuple, louant Dieu, chante autour du bucher.
On vit plus d'une fois dans une sainte ivresse,
Plus d'un bon Catholique, au sortir de la Messe,
Courant sur son voisin pour l'honneur de la Foi,
Lui crier : Meurs impie, ou pense comme moi.

Après avoir cité les troubles qu'ont cau-

fé Luther ; Calvin ; leurs rivaux & leurs
Sectateurs , M. de V. attribue ces défor-
dres à ce que l'on va lire :

C'eſt que de la Nature on étouffa la voix ;
C'eſt qu'à ſa voix ſacrée on ajoûta des loix ;

La cauſe primitive de ces déſordres n'eſt
point ſaiſie ; car un ſiecle avant ces malheurs
les loix de la Religion Chrétienne étoient
unies aux Loix de la Nature , & cependant
nos ayeux vivoient paiſiblement ; ils ont
été heureux , parce qu'ils n'en ont pas
abuſé nous avons été infortunés , parce
que nous en avons fait mauvais uſage : &
de quoi n'abuſe-t-on pas !

Les Egyptiens & les Romains, les Me-
des , & les Bactriens ont abuſé de leurs
Religions ; nous ſommes hommes comme
eux , & nous avons répété les égaremens
de l'eſprit humain.

M. de V. prétend que :

. . . . Nous damnons à la fois,
Ce Peuple circoncis , vainqueur de tant de Rois ;
Londres , Berlin , Stockolm , & Genêve ; & vous-
        même ,
Vous êtes , ô mon Roi , compris dans l'anatême !
En vain par des bienfaits ſignalant vos beaux jours,
A l'humaine raiſon vous donnez des ſecours,
Aux beaux Arts des Palais , aux Pauvres des aziles,
Vous peuplez les déſerts & les rendez fertiles,
B . . . . & T . . . . jurent ſur leur ſalut ,
Que vous êtes ſur terre un fils de Belzebut ;

(19)

La Religion Chrétienne ne se complaît pas dans la damnation des hommes : elle abandonne ce point au Jugement de Dieu. Elle tâche au contraire pour les en garantir de faire briller le flambeau de la Loi chez tous les peuples.

Je suis surpris que M. de V. ait traité si indignement deux personnages respectables (sur-tout un qui existe actuellement.)

Je n'irai point malignement divulguer leurs noms ; ils méritent des considérations, & non pas l'infamie dont M. de V. les couvre ;

. . . . Et l'on honore en France,
De ces ânes fourrés l'imbécile ignorance.

La modération & la sagesse sont toujours belles, & comme dit le fameux Pope,

Errer est d'un mortel, pardonner est d'un Dieu.

M. de V. continue :

Çà dis-moi, tête chauve, ou toi qui dans un froc,
Des argumens en forme a soûtenu le choc,
Pense-tu que Socrate, & le juste Aristide,
Solon, qui fut des Grecs & l'exemple & le guide,
Pense-tu que Trajan, Marc-Aurele & Titus,
Noms chéris, noms sacrés que tu n'as jamais lus,
De l'Univers charmé bienfaiteurs adorables,
Sont au fond des Enfers, empâlés par des diables ?
Et que tu seras, toi, de rayons couronné,
D'un chœur de Chérubins sans cesse environné,
Pour avoir quelque-tems chargé d'une besace ;
Dormi dans l'ignorance, & croupi dans la crasse ?

B ij

Ni Moines, ni Abbés ne peuvent décider
si Socrate, Marc-Aurele & Titus sont empâlés par des diables (des solutions de ce
genre - là seroient grotesques ;) aucun
d'eux ne prétend danser avec les Cherubins
pour avoir eu la peine de porter une be-
ce ; mais ils doivent espérer d'entrer dans
l'Eternité qui nous attend, en observant
les Loix, la Justice, & la subordina-
tion ; en épurant les mœurs, & enfin en
corrigeant l'humanité. Si tous ne le font
point, tous le doivent faire ; au reste ceux
qui ne le font pas sçavent bien qu'ils n'ex-
pieront pas leurs fautes en se couvrant
d'*une crasse* dont le nom seul salit l'idée.

Dire qu'un homme qui fait cette ré-
flexion :

Enfans du même Dieu, vivons au moins en freres,
Aidons-nous l'un & l'autre à porter nos fardeaux ;

Dire que ce même homme prenne tout du
mauvais côté, c'est un fait que l'on aura
peine à se persuader.

Ayant exposé toutes les peines que nous
essuyons dans cette vie, M. de V. termine le
tout par ces quatre vers :

Ah ! n'empoisonnons pas la douceur qui nous reste !
Je crois voir des Forçats dans un cachot funeste,
Se pouvant secourir, l'un sur l'autre acharnés,
Combattre avec les fers dont ils sont enchaînés.

La furface de la terre à qui Dieu a donné le Firmament pour lambris n'eſt certainement pas un cachot ; les êtres que le Créateur y a femés étant fon ouvrage ne peuvent être regardés comme des Forçats. La vie eſt un fommeil que les fonges les plus gracieux parcourent ; elle eſt délicieuſe pour un honnête homme ; odieuſe pour un homme affreux & méprifable pour un Myfantrope.

L'on peut dire en général que la premiere & la troifiéme Partie rempliſſent aſſez bien leur titre ; mais que la feconde ne le remplit preſque pas. Ce n'eſt pas la feule bévuë que l'Editeur ait faite : Il a placé une Epître fort fage de M. de V. au Roi de P. qu'il a intitulée *quatrieme Partie*, tandis qu'elle n'a point de rapport à la Religion Naturelle.

La Priere qui eſt à la fin du Poëme fait honneur à M. de V. qui ne parle dans tout l'ouvrage que comme un Philofophe qui s'égare, & non pas comme un Novateur qui fe fait abhorrer.

Eh ! qui de nous, hélas, n'a jamais chancelé ?
Le Prophete lui-même eſt fouvent ébranlé. Rou.

F I N.